Vale!

AF146086

Die Entheiratung

Buch:

Ratgeber für alle Lebenslagen gibt es wie Sand am Meer.

Dieses Buch ist bestimmt für (Ehe) Frauen, die von ihrem Partner verlassen wurden.

Hier werden Sie jede Menge praktische und ungewöhnliche Tipps finden, um aus dieser Situation das Beste zu machen.

Nichts ist aus der Luft gegriffen, sondern am "lebenden Objekt" getestet☺.

Autorin:

Wie sich jeder denken kann, ist Vale! ein Pseudonym, weil die Autorin ja nicht lebensmüde ist. "Vale!" Kommt aus dem Lateinischen und heißt "Lebe wohl!".

Die Entheiratung

Der etwas ungewöhnliche Ratgeber für

verlassene (Ehe) Frauen

Originalausgabe

Redaktion: Vale!

Umschlaggestaltung: Vale!

Herstellung und Verlag:

BoD - Books on Demand, Norderstedt

ISBN 978-3-73479145-1

Vorwort

Dieses Buch konnte nur jemand schreiben, der selbst durch dieses "Tal der Tränen" gegangen ist.

Deshalb, und weil wir Frauen doch zusammenhalten müssen, werde ich im vertraulichen "Du" schreiben.

Es möge sich jede Leserin persönlich angesprochen und von mir in den Arm genommen fühlen. Sollte sich ein Herr der Schöpfung auf diese Seiten verirren, gilt natürlich das Gleiche.

Einige Passagen werden aus verständlichen Gründen nur für Frauen zutreffen, aber das ergibt sich von selbst. Und jetzt geht es los.

Heulen

Es hilft ja nun alles nichts, der ehemalige Verlobte ist weg und wird es voraussichtlich auch bleiben.

Er hat sich anders orientiert, vermutlich eine Jüngere gesucht, und will jetzt noch etwas erleben. Am Ende des Buches werdet ihr mir zustimmen: "Oh ja, das soll er, zwar etwas anderes, als er gedacht hat, aber erleben soll er was!"

Zwangsläufig fühlt sich die so schändlich Verlassene erst einmal schrecklich.

Also ist heulen angesagt. Tag und Nacht heulen. Zu Hause, am Telefon, bei der Freundin, wo auch immer, es wird geheult und das ist gut, das ist wichtig. Nur nichts verhärten lassen. Die Tränen müssen raus.

In meinem Fall hätte man ein Totes Meer füllen können, wenn es denn in Deutschland eines gäbe.

Also liebe Leidensgenossin heule, was das Zeug hält. Nur zu, du wirst dich wundern, wie viele Tränen aus deinem Körper fließen können.

Dieser Zustand wird in etwa zwei Monate anhalten.

Ja, ja ich weiß, ich rede hier von zwei Monaten, dabei weißt du gar nicht, wie du die nächste Stunde überleben sollst.
Du wirst es überleben Glaube es mir einfach.

Heulen ist gut, heulen ist wichtig und heulen befreit. Es beschert uns ein paar Tränensäcke und Falten, aber so what, der Gatte der Ungute ist eh verschwunden, da kommt es auf ein paar

Fältchen nicht an. Unter Garantie findest du jemanden, den das überhaupt nicht stört. Nicht sofort, oh Gott, wo denke ich hin. Männer, nie mehr, nada.

Nach ungefähr zwei Monaten hat sich der Wasserstand wieder normalisiert, und der ehemalige Geliebte hat das schlechte Gewissen, so es denn überhaupt vorhanden war abgelegt und greift jetzt an.

Und damit kommen wir zum nächsten Kapitel.

Verbotene Gedanken

In deiner Panik werden dir so allerlei Gedanken durch den Kopf schwirren, weil du dich wie amputiert fühlen wirst. Als ob ein Teil deines Körpers einfach weg wäre. Vielleicht wirst du immer wieder an eine Seite deines Körpers fassen und feststellen, dass alles noch am richtigen Platz ist. Jetzt behalte bitte einen kühlen Kopf. Auch wenn du denkst, dass du ohne ihn nicht mehr leben willst. Vergiss das bitte ganz schnell. Du wirst wunderbar ohne ihn leben. Nicht gleich, aber nach einer Weile. Versprochen! Kein Schmerz dauert ewig!

Das alte und das neue Leben

Die Katastrophe ist also über dich hereingebrochen. Das ist entsetzlich und du wirst das Gefühl haben, der Boden hat sich aufgetan.

Wichtig ist jetzt eine Erkenntnis, die zwar unglaublich herzlos klingt, aber je eher du das akzeptieren kannst, umso schneller kommst du aus diesem Loch wieder heraus.

Dein Leben, wie du es kennst, ist mit seinem Auszug vorbei. Es wird nie wieder so werden, auch wenn du es mit aller Gewalt festhalten willst. Du wirst es erst einmal nicht akzeptieren können, das ist völlig normal. Aber, und das ist sehr wichtig, dein bisheriges Leben mag zwar vorbei sein, aber es heißt ja auch, **dass der gute Teil deines Lebens eventuell, nein ganz sicher, noch kommt.**

Vertraue drauf. Die kommenden Jahre werden die besten deines Lebens, es liegt in deiner Hand.

Wenn es zu schlimm wird, trinke einen Beruhigungstee, keinen Kaffee, sonst schläfst du überhaupt nicht mehr und gönn dir eine ganze Tafel Schokolade, die besonders gute. Ausnahmsweise, und weil du ansonsten eh nicht viel essen wirst.

Panik

Er ist also weg und du bist Tag und Nacht alleine mit deinen Gedanken und Ängsten. Gedanken kann man nicht einfach abschalten mit einem Knopf, leider, das wäre zu schön. Aber man kann sie umpolen.

Suche dir ein ganz langes Gedicht, DIE GLOCKE ist auf jeden Fall lang genug, und fange an, dieses Gedicht auswendig zu lernen.

Denke jetzt auf keinen Fall, ich hätte nicht mehr alle Nadeln an der Tanne. Immer wenn diese trüben Gedanken kommen, fange an das Gedicht aufzusagen. Nicht laut, sondern in Gedanken, sonst wundern sich die Nachbarn. Daher nur im Geist und schon fängst du an dich zu ärgern, dass du wieder an derselben Stelle hängen bleibst. Ein Zettel in der Tasche mit jeweils einer oder zwei Strophen ist sehr nützlich. Ganz automatisch hast du dein Gehirn auf Durchzug gestellt. Also Durchzug für diese schlimmen, schlimmen Gedanken.

Unter Garantie wirst du unter heftigen Ängsten leiden, wie du dein weiteres Leben meistern sollst. Wenig Geld, keine Arbeit, Kinder, keinen Mann. Wahrlich ein Grund Angst zu bekommen.

Mit der Panik musst du anders umgehen. Die kannst du schlecht wegdeklamieren. Da hilft ein anderes Mittel. Sage dir jeden Tag, heute habe ich noch keine Geldsorgen, heute verhungere ich nicht, heute bricht keine Katastrophe über mich herein, was morgen ist, weiß ich sowieso nicht.

Am nächsten Tag und am übernächsten und allen folgenden Tagen sagst du dir immer wieder das Gleiche.

Tiefe Täler

Natürlich wirst du des Öfteren wieder in ein tiefes Loch fallen, das ist normal. Vertraue einfach drauf, dass du da wieder herauskommst. Allerdings musst du schon selbst dafür sorgen es wird nur selten jemand am Rand stehen und dich herausziehen. Das soll heißen, du musst mit deinem Leben und deinen Sorgen klarkommen. Denk immer dran, es dröselt sich alles auf, oder nichts wird so heiß gegessen, wie es gekocht wird. Vielleicht hast du heute einen schlimmen Tag, mach dir Musik an, Techno hilft wunderbar!!! Oder, wenn du es lieber leiser magst, suche das Gedicht von der Glocke heraus und lerne eine weitere Strophe. Hast du vergessen, wo du es hingelegt hast, dann bist du schon ein ganzes Stück weiter. Morgen sieht alles schon viel besser aus. Vielleicht hilft es dir, wenn du dich in einer stillen Stunde hinsetzt und dich ganz einfach fragst: "Was ist meine größte Angst, was mache ich, wenn dies oder jenes passiert?" Und bingo, es wird dir etwas einfallen. Und schon ist die Angst ganz klein geworden.

Vergiss nicht, am Ende dieser Geschichte wartet die große Freiheit auf dich und eventuell ein treuer Mann – aber nur, wenn du es willst.

Und komme ja nicht auf die Idee, aus dem Leben scheiden zu wollen. NEIN! Das tust du nicht! Überlege doch einfach, was das nach sich ziehen würde. Von der verbliebenen Familie mal ganz abgesehen, die darfst du nicht im Stich lassen.

Also denke wirklich einmal darüber nach, dein Nochimmer-Ehemann wird ein paar Tage betroffen sein, vielleicht, aber nur sehr vielleicht, sogar ein schlechtes Gewissen haben. Aber nach kürzester Zeit wird er sich schütteln wie ein nasser Hund, um die Gedanken loszuwerden und unauffällig jubilieren. Alles gehört ihm und er muss überhaupt keinen Unterhalt zahlen. Willst du das wirklich? Na also! Das willst du nicht, weil irgendwo auf der Welt jemand auf dich wartet, nur auf dich allein und dich glücklich machen wird.

Glaube es mir einfach! Also weg mit diesen trüben Gedanken. Er ist es nicht wert.

Eile

Du kannst getrost davon ausgehen, dass dein Herzallerliebster, nicht so mir nichts dir nichts aus der Ehe ausgebrochen ist. Da hat es bestimmt lange Überlegungen gegeben, ob und wann. Die Neue hat da eventuell "beratend" zur Seite gestanden, schließlich weiß sie ja, was sie will, nämlich deinen Mann. Und er will zwei Dinge: Etwas Neues im Bett haben, da brauchen wir gar nicht drum herum zu reden, auch wenn er dir ernsthaft erklären wird, das wäre nicht der Grund. Und zweitens will er ohne große Probleme geschieden werden. Das wird er managermäßig in seine Hände nehmen wollen. Und dich flugs zum Befehlsempfänger degradieren. Sei gewappnet, er hatte länger Zeit darüber nachzudenken. Er wird im Internet recherchiert haben, wie lange so eine Scheidung dauert, was sie kostet etc., und das alles in der Zeit, als du noch dachtest, du wärest gut verheiratet.

Wie du dagegen angehen kannst, erkläre ich später. Aber sei gewappnet und schau schnell nach, ob noch genug Schokolade da ist.

Auf der Suche

Zu dem Gefühl des Verlassenseins kommt unweigerlich auch noch ein gravierender Wertverlust. Du wirst dich wie ein alter Lappen fühlen, den man einfach weggeworfen hat.

Möglicherweise wirst du zwanghaft nach einem anderen Mann suchen, um dem untreuen Ehemann zu zeigen, wie bei dir die Luzie abgeht.

Das bringt überhaupt nichts. Erstens wirst du garantiert die falschen Männer finden. Es gibt genug, die nur auf ein Abenteuer aus sind. Und zweitens wird derjenige dich schnellstens auch wieder fallen lassen, und du wirst dich noch schlechter fühlen. Also halte lieber dieses schreckliche Gefühl wertlos zu sein ein bisschen aus, es stimmt ja nicht und verschwindet ganz von selbst wieder, und zwar in kürzester

Zeit. Und dann wirst du merken, dass du auch alleine zurechtkommst.

Erst wenn du alle diese Stadien durchlaufen hast, wirst du bereit sein für eine neue Beziehung.

Auf Gefechtsstation gehen

Der untreue Ehemann wird ziemlich schnell erklären, dass er die Scheidung will, weil da ja eine andere ist, die er heiraten muss. Eventuell ist sie auch noch schwanger. Es ist klar, dass dir das unglaublich wehtut. Aber überlege zwei Minuten lang, möchtest du noch einmal mit kleinen Kindern anfangen? – Siehst du! Jetzt kannst du deine Freiheit genießen, nicht gleich, aber unter Garantie bald. Und er muss nachts wieder aufstehen und das ein paar Jahre lang. Geschieht ihm ganz recht.

Jetzt alles, bloß nicht heulen! Vehement erklären, dass du auf keinen Fall geschieden werden willst.

Daraufhin kommt sehr wahrscheinlich die obligatorische Antwort: "Dann drehe ich dir den Geldhahn zu!"

Keine Panik! Sofort den Satz rauspfeffern: "So schnell, wie du eine Lohnpfändung auf dem Tisch hast, kannst du gar nicht auf den nächsten Baum klettern!"

Das Thema Geldhahn wird nie mehr erwähnt werden, weil ja sein guter Ruf auf dem Spiel steht.

Unterhalt

Natürlich muss dein Nochimmer-Ehemann Unterhalt zahlen. Und klar gibt es Fälle, wo die Frau unterhaltspflichtig ist, wenn sie sehr viel mehr verdient, als der Mann.

Eventuell wird er versuchen, dir einen Deal vorzuschlagen. Er zahlt dir jeden Monat einen Betrag und du managst dann alles, z. B. die Bezahlung der Hypotheken, so eine Immobilie vorhanden ist, Raten für das Auto etc. ...
Darauf würde ich mich nicht so einfach einlassen. Dann kann er dir in der Tat sehr schnell den Geldhahn zudrehen, indem er einfach nicht mehr zahlt. Und er wäre erst einmal alle Sorgen los und startet kopfüber in sein neues Leben, und du hast den ganzen Schlamassel am Hals. Auch wenn dir das am Anfang verlo-

ckend vorkommt, genügend Geld zu bekommen. Damit hat er dich in der Hand. Also besser das obligatorische NEIN.

Nicht vergessen, seine Gesichtsentgleisung zu genießen. Du hast vermutlich immer alles gemacht und für gut befunden, was er gesagt hat und er kennt dieses Wort NEIN nicht.

Tiere

Bei diesem Kapitel wirst du heftigst den Kopf schütteln, aber glaube mir, ich weiß, wovon ich spreche.

Noch hat dein Mann vielleicht nicht allen Anstand verloren und macht sich ein paar Gedanken. Zum Beispiel, was mit den Tieren werden soll. Es werden ihm ziemlich sonderbare Ideen kommen, wie Tierheim oder einschläfern lassen. Vergiss nicht, da ist eine andere, die ihn am Kanthaken hat und die will nicht warten. Probleme, wie Tiere, interessieren sie schon überhaupt nicht. Die stören nur.

Also sollte dein "Immernoch-Ehemann" mit wehenden Fahnen das Haus verlassen wollen, empfehle ich dir schnellstens alle Sachen vom Haustier einzupacken, das Tier in sein Auto zu setzen mit den Worten: "Das gehört dir". Ich weiß, das hört sich schrecklich an. Aber er muss wissen, dass er sich nicht aller Pflichten so einfach entledigen kann. Wenn er das Tier nicht behalten will, kannst du es getrost beim Tierheim wieder abholen. Frage dort nach, ob ein Tier abgegeben wurde. Und kein Tierarzt schläfert ein Tier ohne Not ein.

Bringst du das nicht fertig, dann plane auf jeden Fall ein, dass die Verantwortung und die Kosten bei dir hängen bleiben.

Schuldzuweisungen

Vermutlich ist der Herr des Hauses entschwunden und hat dir alle Schuld in die Schuhe geschoben. Das ist üblich und das ist einfach. Frei nach dem Motto: "Ich konnte ja gar nicht anders, weil ..."

Jetzt setzt sich ein furchtbarer Kreislauf in Gang. Ab sofort wirst du anfangen dich Tag und Nacht zu fragen, was habe ich falsch gemacht? Hätte ich damals das und jenes nicht gesagt, hätte ich ihm mehr zugehört, hätte ich, hätte ich ...

Am liebsten möchtest du in deiner Verzweiflung die Zeit zurückdrehen. Das ist ein ganz schlimmer Prozess. Und da kann dir fast niemand helfen. Höchstens deine allerbeste Freundin, weil die genug von deiner Ehe kennt, sodass sie weiß, wovon du sprichst.

Die Zeit kann man nicht zurückdrehen und Fehler nicht ungeschehen machen.

Sei versichert, selbst wenn es die Möglichkeit gäbe, dann würdest du andere Fehler machen.

Und ganz wichtig, lass dir diesen Schuh nicht überstülpen. Und vergiss nicht, welche Fehler der Gatte gemacht hat. Vor allen Dingen frage dich immer wieder: "Wer hat wen verlassen????" Nun weißt du, wie du mit Schuldzuweisungen umzugehen hast.

Tröste dich, iss eine halbe Tafel Schokolade, das tut so gut!!!

Vorsorge

Sollte die Situation noch nicht eskaliert sein, sprich, der Gatte ist räumlich noch vorhanden, aber dich beschleicht so ein ungutes Gefühl - sei wachsam.

Achte auf jeden Fall darauf, ob der Herr Gemahl plötzlich immer von **seinem** Geld spricht oder ob er anhaltend schlechte Laune hat. Auch besonders gute Laune spricht Bände. Erledigt er plötzlich Arbeiten, um die du ihn schon seit Jahren bittest? Bringt er vielleicht plötzlich Blumen mit? Das personifizierte schlechte Gewissen also, dann ist Gefahr im Verzug. Von den obligatorischen Überstunden brauche ich gar nicht zu sprechen, das versteht sich von selbst. Dunkle Wolken ziehen sich also über dem Ehehimmel zusammen. Jetzt musst du überlegt taktieren.

Als Erstes achtest du immer peinlichst darauf, dieses Buch gut zu verstecken!!!!!!!

Das ist wichtig, sonst gibst du deinen besten Trumpf aus der Hand. Die meisten der nachstehenden Tipps kannst du auch schon im Vorhinein beherzigen. Besser ist besser.

Weg ist weg

Aber gehen wir mal davon aus, er ist weg, du heulst, hast Angst, weißt nicht, wie es weitergehen soll. Keine Panik, ich bin bei dir, vergiss das nicht. Und vor allen Dingen sei so wie immer, auch wenn es schwerfällt. Iss zwei Stück Schokolade und versuche dein Leben nicht nur schwarz zu sehen.

Und sei vorsichtig, wem du jetzt etwas erzählst. Nichts bewegt sich mit solcher Geschwindigkeit, wie ein Gerücht.

Gespräche

Ein ganz wichtiges Kapitel. Frauen kann man meist in zwei Kategorien einteilen. Die einen die nicht über ihre Probleme sprechen können und die anderen, die immer und überall erzählen, was ihnen passiert ist.

Für die "Nichtsprecherinnen" kommt später ein hilfreiches Kapitel.

Gehörst du zu den Mitteilsamen, dann sei dir gesagt, natürlich wirst du dich jedes Mal befreit fühlen, wenn du deinen Kummer erzählst. Das ist ganz natürlich und das Mitleid der anderen tut dir auch gut.

Aber bitte bedenke auch, je mehr Leute von deinem Kummer wissen, umso mehr verselbstständigt sich die Geschichte. Leute, die du überhaupt nicht kennst, werden dich dann ansprechen, nicht um dich zu trösten, wo denkst du hin. Nein sie wollen Neuigkeiten erfahren, damit sie auch einen Beitrag leisten können. Nirgends wird so viel gelogen, wie in der Gerüchteküche.

Also ist es besser sich auf ein paar sehr gute Freundinnen zu beschränken, ansonsten aber den Mund zu halten. Ich weiß, das ist schwer, man ist schließlich wie ein Dampftopf, dem jederzeit das Ventil abspringen kann.

Bei dir zu Hause kannst du toben, soviel du willst. Nimm ein Kissen und schlage fest drauf ein, teste dein Vokabular an Schimpfwörtern. Du hast keine Ahnung, was da schlummert, aber tu es zu Hause.

Die Aufteilung der Eigentümer

Es ist ja wirklich schon etwas seltsam, dass mit einem Federstrich plötzlich alles dem Mann gehört – meint er. Schließlich will er ja sein neues Leben genießen und was braucht man dazu, na klar Geld. Und wo spart man am besten Geld ein, auch klar bei der "Leidergottesimmernoch-Ehefrau". Die ist es sowieso gewöhnt, genügsam zu sein. Also wird es sie nicht stören.

Das schlechte Gewissen hat sich mit der gleichen Geschwindigkeit verflüchtigt, wie der ehemalige Geliebte und er fängt erst einmal gedanklich an, die irdischen Güter zu verteilen. Nicht etwa jedem die Hälfte, wo käme er denn da hin. Nein, nein nach dem Motto: "Mir gehört alles, dir nichts!" Glaub es mir einfach, genauso wird es werden.

Nun ist also endgültig der Zeitpunkt gekommen, mit der Heulerei aufzuhören und still und heimlich die große Keule auszupacken, und zwar die Keule der intelligenten Art, die man nicht sieht.

Der treulose Gatte, nennen wir ihn der Einfachheit halber Trelo (Treuloser), soll ja noch nichts merken.

Jetzt ist eiliges Handeln angesagt. Mit der gleichen Geschwindigkeit, mit der der Treulose verschwunden ist, solltest du jetzt zur Bank eilen und die Kontovollmacht des Trelos, so vorhanden, kündigen. An dein Konto gehst nur noch du, und zwar du allein.

Money, Money, Money

Du bist jetzt also im Eiltempo auf die Bank gesaust, hast alle Vollmachten über dein Konto für ihn aufgehoben, so du ein eigenes Konto hast.

Aber wenn du schon einmal hier bist, solltest du von eurem gemeinsamen Konto so viel abheben, wie du an einem Tag bekommen kannst. Ja, das ist nicht nett, aber glaube mir, er wird nichts Eiligeres zu tun haben, als dir den Zugang zu dem Konto zu verwehren, schließlich braucht er Geld. Also bring dein Schäfchen ins Trockene. Ihm wird es egal sein, ob das Konto gesperrt ist oder nicht, weil er unter Garantie vorher so viel wie möglich abgehoben hat.

Bankgeheimnisse

Nun kann es ja sein, dass du auch eine Vollmacht für sein Konto hast und er eventuell in seinem Liebeswahn vergisst, sie zu aufzuheben, dann nichts wie hin zu seiner Bank und wenigstens Kontoauszüge gezogen.

Glaube mir, dir werden die Augen übergehen, wie teuer so eine neue Geliebte ist.

Ob du, wenn du schon einmal da bist, von seinem Konto Geld abhebst, musst du selbst entscheiden. Das kommt auf deine finanzielle Situation an. Besser, du lässt es, weil er dann sehr schnell merken wird, dass du an seinem Konto warst. Und ein paar Geheimnisse solltest du jetzt schon bewahren.

Feinde

Das mit dem Konto hast du erledigt, jetzt fängt deine Grübelei wieder an. Es wird dir unheimlich wehtun, wenn du merkst, dass du von einem Tag auf den anderen plötzlich zum Feind geworden bist. Wahrscheinlich liebst du ihn noch, aber ihm ist nun alles in die Hose gesaust, er liebt jetzt eine andere, also wird er sich ein Feindbild aufbauen und das bist du. Schließlich hinderst du ihn durch deine bloße Anwesenheit daran, dass er jetzt aber subito seine Verjüngungskur starten kann.

Glaube mir, das ist mit das Schlimmste, was dir passieren wird, weil du völlig machtlos bist. Er ist weg, du kannst ihn (noch) nicht loslassen. Deine Gedanken werden jetzt immer um einen Satz kreisen, warum liebt er mich nicht mehr, wie kann es sein, dass ich plötzlich sein größter Feind geworden bin?

Ich weiß, die Gedanken kann man nur schwer aushalten. Nimm ein kleines Stück Schokolade und lerne eine weitere Strophe von der Glocke oder was du dir ausgesucht hast. Das hilft wenigstens ein bisschen.

Und lies nun das nächste Kapitel. Arbeit lenkt auf jeden Fall ab.

Recherchen

Was die verlassene Frau am meisten wurmt, ist in der Regel die Tatsache, dass sie ja nicht weiß, wer ihr den Mann ausgespannt hat.

Es gibt natürlich sehr effiziente und teure Mittel, das auszuspionieren. Spar dir das Geld und schone deine Nerven.

Ein ganz einfaches und noch dazu kostenloses Mittel das herauszufinden, liegt sozusagen auf der Hand.

Der Gatte ist zwar verschwunden, aber weil ja noch einiges zu klären ist, wird er bestimmt das eine oder andere Mal wieder auftauchen.

Jetzt muss die Ehefrau flink sein. Denn jeder Mensch muss mal müssen oder sich von den neuerdings sehr strapaziösen Nächten etwas ausruhen.

Sofort, ohne jegliche Verzögerung empfehle ich, sein Handy zu nehmen und mal schnell die Kurznachrichten zu sichten. Dabei empfiehlt es sich einen kühlen Kopf zu bewahren und ob der heißen Liebesschwüre, die da auftauchen, nicht gleich wieder mit der Heulerei anzufangen. Dazu hast du jetzt wirklich keine Zeit.

Bei den zahlreichen Nachrichten steht bestimmt auch einmal der Name dabei. Oder der Gatte war so leichtsinnig unter seinem Telefonbuch den vollen Namen einzutragen. Bingo. Nun weißt du, mit wem du es zu tun hast. Sollte tatsächlich kein Name zu finden sein, dann notiere schnell die Telefonnummer. Jetzt kannst du in Ruhe im Internet den Rest herausfinden. Deine beste Freundin wird dir dabei vielleicht helfen.

Nicht vergessen, das Handy wieder zurückzulegen und zu schweigen. Das ist ganz wichtig.

Diese Waffe kann man doch nicht gleich wieder aus der Hand geben.

Eine absolut unauffällige Miene aufsetzen!

Rache

Am besten vergisst du auf der Stelle jeglichen Gedanken an Rache, auch wenn der an dir nagt wie ein böses Geschwür. Ich weiß es ja, es täte dir so gut, ganz übel Rache zu nehmen. Computer in die volle Badewanne, dreckige Socken vor der Tür der Anderen, Telefonterror. Das alles kannst du machen, aber nur in Gedanken!!!!!! Das bringt überhaupt nichts.

Da musst du viel effektiver vorgehen. Agiere im Geheimen, sei so wie immer, traurig natürlich, es sei denn du wärest froh, dass er weg ist, dann darfst du dich natürlich freuen und brauchst keine Schokolade.

Einen Anwalt suchen

Wenn du selbst nicht über umfangreiche Geld-mittel verfügst, solltest du sehr streng einen größeren Geldbetrag verlangen. Er wird fra-gen, wozu um alles in der Welt du Geld brauchst. Dann musst du die lapidare Antwort geben, dass du einen Anwalt brauchst.

Nicht vergessen, seine Gesichtsentgleisung zu genießen.

Jetzt ist er hin- und hergerissen, geschieden will er werden, also wird er dir das Geld geben.

Nun solltest du deine beste Freundin fragen, ob sie einen guten Anwalt kennt, am besten eine Frau, die kann das nachfühlen, was dir ge-rade passiert. Und Frauen sind hartnäckiger. Sorry ihr Männer! Die Freundin wird dir jeman-den nennen können.

Wenn nicht, kennt sie ihrerseits jemanden, der einen Anwalt empfehlen kann.

Du solltest sofort einen Termin vereinbaren und dich in einer stillen Stunde hinsetzen und aufschreiben, wie du dir dein weiteres Leben vorstellst. Nicht vergessen, er ist weg und wird auch nicht mehr zurückkommen.

Mit diesem Zettel gehst du zum Anwalt und lässt vorsorglich eine Trennungsvereinbarung aufsetzen. Aber damit wir uns richtig verstehen, er hat ja jetzt ein neues Leben, du brauchst auch eines und das kostet ebenso Geld.

Kindererziehung und Haushalt ist genauso viel Arbeit wie seine. Denke an dich! Und nur an dich! Er tut das schon eine ganze Weile lang.

Jetzt bist du fast schon mittendrin im Schlachtengetümmel.

Wappne dich!

Vermutlich wird der Gatte, dem ja der Inhalt des Oberstübchens nun in die Hose gerutscht ist, wo es auch eine Weile bleiben kann, dir vorschlagen, das Trennungsjahr zu umgehen. Wappne dich!

Das tut unglaublich weh. Du wirst dich erneut wie ein alter Lappen fühlen, den man weggeworfen hat. Aber, und das ist sehr wichtig, nicht heulen, sondern eine gleichgültige Miene aufsetzen und sagen "NEIN". Und dabei bleiben, auch wenn du ihn am liebsten auf dem Mond sehen würdest, NEIN!

Du wirst dieses Trennungsjahr brauchen, um alles zu erledigen, wenn du aus dieser Sache einigermaßen glimpflich herauskommen willst. Ob dieser Gemeinheit, die er dir da angetragen hat, darfst du im stillen Kämmerlein ein bisschen heulen und zwei Stück Schokolade essen, das hilft.

Sollte er dir aber wider Erwarten einen unverschämt hohen Betrag anbieten, sozusagen eine "Abfindung", dann solltest du mit deinem Anwalt überlegen, ob du das Geld nicht besser annimmst. Dann ersparst du dir sehr viel Arbeit und deine Nerven werden auch geschont. Dein Anwalt berät dich. Vertraue auf ihn.

Vermutlich wird das nicht passieren, weil dein Nochimmer-Ehemann jetzt sparsam ist, also lies besser das nächste Kapitel.

Es ist nicht wichtig eine Schlacht zu gewinnen, sondern den Krieg.

Also sofort wieder auf Gefechtsstation. Du wirst wahrscheinlich ziemlich schnell von seinem Anwalt etwas hören, zu der Trennungsvereinbarung oder es geht finanziell schon ans Eingemachte. Er wird alles ablehnen, erstens, weil er noch nicht weiß, dass er am Ende teuer bezahlen wird und zweitens will ja auch ein Anwalt etwas verdienen.☺

Jetzt behältst du besser einen kühlen Kopf, auch wenn es dir schwerfällt. Sämtliche Vorschläge, die er oder sein Anwalt machen, lehnst du ab und denkst nach. Nicht übereilt handeln, auch wenn du noch so wütend bist. Halte dich zurück!

Verschönerungen

Jetzt sind ja tatsächlich ein paar Weinfältchen dazu gekommen, und wenn du in den Spiegel schaust, wirst du dich noch schlechter fühlen, weil du dieses Gesicht mit deinem vergangenen Leben in Verbindung bringst.

Da hilft nur eines, ab zum Friseur. Eine neue Friseur, eine neue Farbe, das Geld kannst du getrost von dem Anwaltsgeld abzweigen. Das ist es wert und du wirst merken, was für eine Veränderung mit dir vorgeht. Plötzlich bist du jemand anderer. Dieses imaginäre Schild vor deiner Stirn "Hilfe, mein Mann hat mich verlassen" ist plötzlich weg. Für diesen speziellen Fall empfehle ich die Farbe Kampfrot. Vergiss nicht, dir selbst zuzulächeln.

Kopf hoch

Du warst also beim Friseur, äußerlich siehst du jetzt toll aus, innerlich eher weniger. Aber das kommt noch, spätestens am Ende des Buches.

Wenn du den Frisiersalon verlässt, nimm deinen Kopf hoch. Versteckt hast du dich jetzt lange genug. Nicht du bist aus der Ehe ausgebrochen, sondern er. Nur einer muss sich schämen, du weißt schon wer.

Und auf keinen Fall solltest du so frisch aufgebrezelt nach Hause fahren. Geh in die Stadt, setze dich in ein Café und genieße die bewundernden Blicke der anderen. Schultern runter. Du hast absolut keinen Grund den Kopf einzuziehen. Außerdem macht das jünger.

Das Internet

Du fühlst dich jetzt also sehr viel besser. Der Herr Gemahl ist weg und wird das auch bleiben. Das Alleinsein fällt dir noch höllisch schwer, aber du lernst es unter Garantie.

Hast du einen Computer, dann nichts wie rein ins Internet. Hast du keinen, deine Freundin wird einen haben und auch verschwiegen sein. Und natürlich gibt es auch Internetcafés, dort wird man dir weiterhelfen.

Gehe in eine der Partnerschaftsbörsen und schreibe ein paar Nachrichten an Herren, die auf dem Bild nett aussehen, egal, ob das Bild nun echt ist oder nicht. Natürlich darfst du auf keinen Fall deinen richtigen Namen angeben, auch keine Adresse oder Telefonnummer und auch kein Foto. Du willst bestimmt nicht, dass dein neues Konterfei missbraucht wird und du dich fotomäßig plötzlich in Timbuktu oder sonst wo auf einer Packung für Damenbinden wiederfindest. Also besser kein Foto.

Es tummeln sich einfach zu viele Irre im Internet. Aber mach dich auf jeden Fall ein paar Jahre jünger, der Erfolg wird dir recht geben.

Du wirst Antworten bekommen, und jetzt geschieht ein Wunder, ehrlich. Du wirst merken: 'Wie jetzt, da interessieren sich ja noch andere Männer für mich'. Viele Mütter haben schöne Söhne!

Lass dich auf einen Briefwechsel ein, immer das große "R" wie Rache, die gedankliche, du weißt schon, im Blick.

Das wird eine Weile so gehen, dein Briefpartner wird ziemlich schnell zur Sache kommen, du verstehst schon, was ich meine. Jetzt entweder eine Verabschiedungsmail schreiben oder dich einfach ausklinken. Das kannst du jetzt nicht brauchen, weil du dich auf wichtigere Dinge konzentrieren musst.

Und weil es dir ein bisschen geholfen hat, dein Selbstwertgefühl aufzupolieren, brauchst du heute keine Schokolade.

Viel Arbeit

Der ungetreue Gatte wird in seiner Euphorie einfach verschwunden sein, wahrscheinlich nur ein paar Klamotten mitgenommen haben, weil ja nun sein neues Leben beginnt. Was kümmern ihn da die alten Socken. Und die Aktenordner schon gar nicht.

Jetzt kommt wirklich viel Arbeit auf dich zu, aber vergiss nicht, du hast jetzt vermutlich mehr Zeit, seine Hemden muss ja nun eine andere bügeln. Also nimm alle wichtigen Ordner, vor allen Dingen Kontoauszüge und fahre zu einem Copyshop. Lass alles fotokopieren. Das kostet nicht viel und du bist auf der sicheren Seite. Der Entschwundene wird sich nämlich bald an die wichtigen Unterlagen erinnern und sie holen. Lege akribisch Ordner an und verstecke sie sehr gut.

Freundinnen

Auch wenn du immer noch ein unglaubliches Mitteilungsbedürfnis hast, jetzt ist es an der Zeit die Freundinnen etwas zu entlasten.

Irgendwann kann es auch die allerbeste Freundin nicht mehr hören.

Spätestens, wenn du versteckte Seufzer am Telefon hörst, solltest du auf andere Themen, als deine persönliche Katastrophe zu sprechen kommen, auch wenn es für dich zurzeit das Wichtigste auf der Welt ist.

Die Freundin wird es dir danken und dir zu einem späteren Zeitpunkt wieder mit Rat und Tat zur Seite stehen.

Vergiss nicht, nur dein Leben ist ein bisschen aus den Fugen geraten, die anderen leben ganz normal weiter. Das tut weh, ich weiß. Du wirst dich jeden Tag zehnmal fragen, warum die Welt nicht stillsteht. Sie tut es nicht und das weißt du eigentlich auch. Dieses schlimme Gefühl geht auch vorbei.

Entscheide selbst, ob du heute Schokolade brauchst.

Interessante Erkenntnisse

Du hast jetzt also akribisch Aktenordner ange-
legt und so langsam ist es an der Zeit diese zu
sichten.

Am besten eignet sich dazu das Wochenende,
weil es dir da am schlechtesten gehen wird
oder Weihnachten, eine ganz schlimme Zeit,
aber nur das erste, glaube es mir, ein Jahr später sieht es schon sehr viel besser aus. Ja, ein
Jahr ist lang, wo doch die Tage das reine Elend
sind. Deshalb sollst du ja auch arbeiten. Wer
arbeitet, hat keine Zeit zum Heulen.

Überlege erst einmal, was du suchst.

Ich empfehle die Kontoauszüge. Das ist die
reine Munition, glaube es einfach. Natürlich
wirst du erst denken, was soll ich denn mit den
Tausenden von Buchungen anfangen. Nimm
einen Zeitraum von sagen wir fünf oder zehn

Jahren, je nachdem was noch vorhanden ist und arbeite dich durch.

Wenn du eine Schreibmaschine oder einen Computer hast, ist das schon die halbe Miete.

Erstelle eine Tabelle. Ohne technische Hilfsmittel wird es etwas mehr Arbeit, weil du es per Hand machen musst, aber du hast ja jetzt Zeit.

Am Ende des Buches wirst du den Vorschlag einer Tabelle finden.

Dann trägst du akribisch ein, was du findest. Die meisten Kontobewegungen werden immer die gleichen sein, trotzdem erfassen, sonst wird die Übersicht ungenau.

Natürlich musst du auch erfassen, was an dich gegangen oder auf dein Konto geflossen ist. Eine unglaublich langweilige Arbeit, aber sehr ergiebig.

Mit der Zeit wirst du wichtige Erkenntnisse haben. Und zwar speziell aus der Zeit, als der Trelo schon in anderen Gewässern gefischt hat.

Bei diesen Buchungen nicht heulen, weil er in teuren Restaurants gespeist hat, und für dich war nur eine Erbsensuppe aus irgendeiner Gulaschkanone drin. Macht nichts. Das alles ist Munition, und du findest wieder jemanden, der dich richtig ausführt.

Hast du den Wohnort der Nebenbuhlerin herausbekommen, dann kannst du anhand der Kontobewegungen feststellen, wie oft er für die Madame Geld abgehoben hat.

Dazu musst du im Internet suchen. Gib in einer Suchmaschine "Bankleitzahl" ein, dann kannst du anhand der Nummer leicht feststellen, wo der Bankautomat ist. Liegt er auf dem Weg zur

Wohnung seiner Madame – Bingo. Es nützt im Moment nicht viel, aber sammele so viel Informationen wie möglich. Sollte der Trelo in einer anderen Stadt arbeiten, kannst du auf virtuelle Stadtpläne zurückgreifen.

Gewusst wie

Bei der Kontosichtung wird dir eventuell auffallen, dass immer wieder an denselben Automaten Geld abgehoben wurde.

Am besten sofort mit der BLZ den Standort heraussuchen, hinterher wieder einen virtuellen Stadtplan im Internet aufrufen und die Straße heraussuchen.

Liegt diese in der Nähe des Bahnhofs, wird die Sache schon klarer. Stichwort Rotlichtviertel. Willst du es genau wissen, rufe bei der Stadtverwaltung an, frage dich durch zu jemandem der sich in der Stadt auskennt, dass du rot wirst, sieht er ja nicht, frage ihn, wo in der Stadt das Rotlichtviertel ist.

Warte, bis er sich von dem Schreck erholt hat und dich fragt, wozu um Gottes willen du das wissen musst, dann sage ihm, es ginge um eine Entheiratung.

Schon wird er nicht nur selber grübeln, sondern auch noch die Kollegen fragen. Dass du ihm auf diese Weise einen unterhaltsamen Abend beschert hast, sollte dich nicht kümmern, er kennt dich ja nicht.

Interessant sind auch Parkgebühren. Mit den Buchungsdaten kannst du im Internet wieder die Standorte finden. Rufe an und frage nach, ob Hotels oder Spielbanken in der Nähe sind.

Sehr interessant!

Wenn du es brauchst, darfst du jetzt ein bisschen heulen, das tut dir gut. Aber verliere nicht dein Ziel aus den Augen, deine Zukunft. Du brauchst für die Scheidung Munition.

Beim Anwalt

Eventuell wirst du von dem Juristendeutsch nur die Hälfte verstehen. Frage nach, man wird es dir auch fünfmal erklären.

Sage ganz klar, dass du dich auf keinen Fall über den Tisch ziehen lassen wirst.

Wenn du dich zu schnell mit dem Trelo einigst, bekommst du unter Garantie weniger.

Also der Anwalt erledigt die juristische Seite für dich und passt auf, dass du nicht in irgendwelche Fallen tappst, den Rest machst du. Deinem Anwalt wird das eventuell nicht gefallen, mache es trotzdem.

Frage ab und zu mal nach den Kosten, damit da nichts außer Kontrolle gerät.

Düstere Gedanken

Morgens wird es dir ganz schlecht gehen, so kurz nach dem Aufwachen, wird alles auf dich einstürzen. Versuche einen klaren Kopf zu bekommen, möglichst wenig zu heulen und denke nach.

Was bringt dieser Tag Schönes für dich? Jeder Tag hat irgendetwas, was dir Spaß macht, eine Fernsehsendung, ein Telefonat. Arbeite zielgerecht auf dieses Ereignis hin und genieße es. Jeden Tag. Du wirst dich recht schnell daran gewöhnen und die dunklen morgendlichen Gedanken werden weniger.

Vielleicht stiehlt sich ab und zu schon wieder ein Lächeln auf Dein Gesicht? Wunderbar, Du bist auf dem richtigen Weg.

Kleine Freuden

Mit der ganzen Heulerei bist du schon ganz wuschig geworden. Es ist also an der Zeit, dir ab und zu mal was zu gönnen.

Liest du gerne, dann sorge dafür, dass dir das Lesefutter nicht ausgeht. Solltest du Angst haben, das Geld für Bücher auszugeben, schau in den Geschäften nach Remittenden. Dort kannst du für wenig Geld tolle Bücher kaufen. Gönne dir etwas ganz Persönliches.

Vielleicht eine neue Antifaltencreme, das gibt ein gutes Gefühl und gegen die Fältchen hilft es auch.

Ewig Schokolade ist nicht gut für dich.

Finanzielle Sorgen

Sieht es finanziell nicht rosig aus, nimm Hilfe in Anspruch. Geh zu den Ämtern. In Deutschland muss niemand hungern. Und für dich kommen auch wieder bessere Zeiten, da musst du jetzt durch. Sage dir jeden Tag, diese Situation hält nicht den Rest deines Lebens an. Du musst dir selber helfen.

Für die Anwaltskosten, wenn der Trelo dir das Geld nicht gegeben hat, kannst du Prozesskostenhilfe beantragen. Und der Anwalt wird nicht sofort Geld verlangen. Also beruhige dich. Nichts wird so heiß gegessen, wie es gekocht wird.

Vielleicht kannst du dir bei den Eltern oder Geschwistern etwas borgen. Nach Möglichkeit nicht bei der Freundin, die hilft dir auf andere Art und das ist sowieso unbezahlbar.

Und ein kleiner Blumenstrauß als Danke-
schön für ihre Hilfe wäre wirklich nett.

Freunde

Irgendwann wird der Zeitpunkt kommen, wo du Freunde verlieren wirst, weil sie sich auf die andere Seite geschlagen haben. Auch der Trelo erzählt ja seine Version der Geschichte mit dem Titel, "Sie hat mich ja nie verstanden", oder sehr verletzend: "Wir haben wie Bruder und Schwester zusammengelebt."

Das lässt sich nicht ändern. Du darfst wieder ein bisschen weinen, aber erwarte nicht, dass diese Verletzungen keine Narben hinterlassen. Und die werden auch nie ganz verschwinden. Aber denke dran, deine Blinddarmnarbe hast du auch ein Leben lang. Und denkst du immer an den verschwundenen Blinddarm? Na siehst du!

Gewichtsprobleme

Freu dich, dass du endlich abgenommen hast. Das wolltest du doch immer.

Gehörst du zu den Frauen, die bei Kummer in die Keksdose fallen, versuche das etwas zu bremsen, sonst kommt zum Kummer auch noch Frust hinzu. Aber verzichte nicht ganz auf Süßigkeiten, sonst hast du unweigerlich plötzlich eine Heißhungerattacke. Sport hilft dir auch weiter. Du musst nicht ins Sportstudio, laufen, auch spazieren gehen hilft beim Abnehmen. Aber nicht bloß 200 m um die Ecke, sondern eine größere Strecke. Dabei kannst du bei den Leuten in die Gärten schauen und dich an den Blumen erfreuen.

Egal, wie deine finanzielle Lage ist, gönne dir auch mal etwas Gutes. Geh einen Kaffee trinken, schau dir die anderen Menschen an, und du wirst an den Mienen merken, dass jeder sein persönliches Päckchen zu tragen hat.

Manche können ihres nicht mehr ablegen. Du kannst es und du wirst es. Es dauert noch ein bisschen, aber unter Garantie wirst du dich bald total frei fühlen. Versprochen.

Und wenn du schon mal bei deinem Kaffee sitzt, schau einfach mal unauffällig, was so an männlichen Artgenossen herumläuft. Nicht, dass du jetzt unbedingt einen Ersatz brauchst, aber schau ruhig mal und überlege, ob du diesen oder jenen morgens nach dem Aufwachen neben dir sehen möchtest …

Sehr gut geht das auch beim Einkaufen. Wenn du an der Kasse stehst, wirf unauffällig einen Blick in die Wagen der Männer. Es werden dir die Augen übergehen, was man da morgens um neun schon sehen kann. Drei Flaschen

Rotwein, zwei Flaschen Schnaps oder Ähnliches. Spätestens um zwölf ist so jemand knülle.

Brauchst du das? Na siehst du. Dein Alleinsein wird dir gar nicht mehr so schlimm vorkommen.

Trauer

So manches Mal wird dich eine unbändige Trauer überkommen, vielleicht, wenn du im Wald spazieren gehst, in dem ihr immer zusammen gegangen seid. Ich weiß, die Tränen sitzen schon wieder ganz locker.

Aber für alles gibt es einen Weg. Schau ein bisschen herum und suche dir ein paar kleine Steine und vielleicht findest du auch noch ein paar Federn. Im Frühjahr ist das ganz leicht. Dann brauchst du noch einen größeren Stein. Setze dich irgendwo hin, im Sommer am besten geschützt auf einer kleinen Lichtung. Nimm die kleinen Steine in die Hand, denke an alles Schwierige in deiner Ehe und wirf einen Stein nach dem anderen weit weg. Jetzt nimm die Federn, denke an alles Positive aus eurer gemeinsamen Zeit und wirf die Federn weg.

Du merkst sofort was passiert, die Federn kommen immer wieder zu dir zurück.

Man kann auch sagen, lass das Negative los und behalte das Positive in Erinnerung.

Jetzt nimm den großen Stein, behalte ihn eine Weile in der Hand und stelle dir vor, das wäre der Trelo. Jetzt wirst du unter Garantie weinen. Das ist völlig in Ordnung, bleibe sitzen und weine aus tiefster Seele. Dann nimm den Stein und werfe ihn weg, so weit du kannst. Du verstehst natürlich, was ich damit sagen will. Lass ihn los!!!!!

Es hilft, ich habe es probiert. Das kannst du jederzeit wiederholen. Allerdings solltest du schon alleine sein, wenn du das machst, im heimischen Garten wundern sich die Nachbarn und du kannst dich nicht konzentrieren.

Wenn du dich ganz jämmerlich fühlst, hilft es auch, im Wald – wenn du alleine bist – einen Baum ganz fest zu umfassen. Lasse es auf dich wirken. Die Kraft des Baumes wird auf dich übergehen. Du spürst es.

Unterschriften

Sollte der Trelo zwischendurch wieder auftauchen, unterschreibe NICHTS. Auch wenn er dir die Rechnung eines Lokals in Burkina Faso vorlegt. Unterschreibe es nicht. Auf gar keinen Fall. Kontaktiere erst deinen Anwalt.

Er wird versuchen, dir eine Unterschrift abzujagen. NEIN!!!

Denke immer daran, die Teilungsformel 50:50 gilt nicht mehr für ihn, da wird es eher heißen 80:20. Wem die 20 Prozent zustehen sollen, versteht sich von selbst, nämlich dir.

Plötzlich wird der Trelo auch nur noch von "seinem" Geld sprechen. Das Wort "unser" hat er schlichtweg vergessen.

Also, nicht das harmloseste Papier wird unterschrieben, ohne dass der Anwalt es erlaubt.

Steuern

Vermutlich werdet ihr noch zusammen veranlagt.

Wohnst du in einer eigenen Immobilie und der Trelo zahlt diese noch, wird dir das als Unterhalt angerechnet. Der Anwalt hat das mit dir besprochen.

Auf jeden Fall wird er, dein ehemaliger Geliebter, dir ein Papier geben oder schicken, für die Steuererklärung mit der lapidaren Erklärung, du sollst die Anlage U unterschreiben. NEIN!!!!!

Denn du musst die Unterhaltszahlungen, auch versteuern. Und das ist nicht unerheblich.

Dein Trelo, ach nein, deiner ist er ja nicht mehr, also der Trelo muss dir ein Schreiben unterzeichnen, indem er erklärt, dass er für deine Steuernachzahlung aufkommt.

GEH ZUM ANWALT. Der sagt dir die richtige Formulierung. Erst wenn du diese Unterschrift hast, darfst du unterschreiben.

Akzeptiere das nicht per Mail, du brauchst die richtige Unterschrift!

Genauso musst du natürlich verfahren, wenn du die Unterhaltskosten bar erhältst.

Lasse dir den Unterhalt von deinem Anwalt berechnen. Vermutlich wird da ganz etwas anderes herauskommen, als der Trelo es sich vorstellt.

Immobilien

Eventuell wohnst du in einem eigenen Haus, welches euch beiden gehört. Und der Trelo wird wieder einen auf ganz schlau machen und dir antragen, dass die Teilung folgendermaßen aussieht: Du sollst das Haus nehmen, er nimmt dafür den Rest, was auch immer das ist, Ersparnisse, Papiere etc. …

Lass dich darauf besser nicht ein. Der Immobilienmarkt ist im Keller, da kannst du nur verlieren. Und du hast den Hausverkauf am Hals, während der Immernoch-Gatte sein neues Leben genießt. Berate dich mit deinem Anwalt.

Sag zu seinem Vorschlag einfach NEE. Das wird auf jeden Fall zur Folge haben, dass der Schlaumeier wieder eine Gesichtsentgleisung bekommt. Genieße sie, du hast wirklich genug durchgemacht. Und Du bist schon auf der Siegerstraße.

Vergiss nicht, all seine Vorschläge hat der Trelo mit seiner Trulla erfunden und durchgesprochen.

Glaubst du wirklich, dass die Madame irgendetwas Gutes für dich will????

Na siehst du!

Autos

Du musst noch regeln, was mit dem Auto passiert. Vermutlich ist es auf den Namen des Immernoch-Ehemannes zugelassen. Wenn er es dir gibt, lass dir die Prozente überschreiben. Wenn ihr zwei Autos habt, lass dir einen Vertrag überschreiben. Sonst fängst du mit den Prozenten in der höchsten Kategorie an und die ist, wie du weißt, sehr teuer.

Vertrauen

Spätestens jetzt hat der Trelo gemerkt, dass sein neues Leben noch ein bisschen warten muss. Es wird ihm nicht gefallen. Also wird er flugs zum Oberschauspieler, will eventuell zurückkommen, dich an alte, ach so schöne Zeiten erinnern. Jetzt bloß nicht heulen. Du kannst ziemlich sicher sein, er will nur eines: „Dich über den Tisch ziehen!"

Setz dich bequem hin, höre zu und lasse den Namen der Geliebten mal so beiläufig fallen. Nicht gehässig, sondern einfach nach dem Motto, was sagt denn deine Frau Soundso dazu?

Nun kommt deine Sternstunde. Du hast ja wirklich genug gelitten. Jetzt ist auf jeden Fall eine Belohnung fällig.

Lehne dich zurück und höre sein Gestammel an. Und glaube kein Wort!!!!

Ausnahmsweise darfst du dich an seiner blassen Gesichtsfarbe ergötzen. Er ist nicht krank, er hat bloß Angst.

Also bitte kein Mitleid.

Telefonate

Mittlerweile wird es seiner Madame schon zu lange dauern, seine schlechte Laune wird sie auch nerven und überhaupt könnte doch die Immernoch-Ehefrau jetzt endlich mal verschwinden.

Also greift die Nebenbuhlerin zum Telefon und nervt dich mit Anrufen, mal auf dem Festnetz, mal auf dem Handy. Bloß sagen wird sie nichts, weil sie ja nicht verrückt ist. Die verbale Attacke, die du garantiert reiten würdest, braucht sie jetzt nicht. Die würde ja ihrem neuen Glück nur im Wege stehen. Sie sagt also nichts, hofft aber, dich aus der Reserve zu locken.

Eine Weile wirst du denken, jemand hat sich verwählt oder die Verbindung ist zusammengebrochen. Aber irgendwann wird dir das merkwürdig vorkommen, immer diese nervigen Anrufe und niemand gibt einen Ton von sich.

Beim nächsten Anruf sagst du einfach, ach Frau Soundso, die Schlampe, ist wieder dran.

Ich garantiere dir, die Anrufe werden schlagartig aufhören.

Ich weiß, ich weiß, das ist absolut nicht nett. Und eventuell ist es ja auch jemand anderes. Aber wer anruft, kann seinen Namen nennen, sonst musst du halt einen erfinden. Und ich finde Schlampe für den Anfang doch nicht schlecht. ☺

Nachdenkereien

Man weiß es ja nicht, aber vielleicht hat der untreue Ehemann jetzt schon gemerkt, dass überall nur mit Wasser gekocht wird und zu Hause wusste er wenigstens, was er hat, also wird er unter Umständen versuchen reumütig zurückzukehren.

Komm jetzt bloß nicht auf die Idee in Entzücken und Dankbarkeit zu verfallen.

Das hast du nicht nötig.

Setze dich hin und überlege ganz genau. Könntest du ihm vertrauen, alles vergessen und noch einmal bei Stunde null anfangen. Manche sollen das ja schaffen. Versuche für dich selber herauszufinden, ob du nicht in kürzester Zeit wieder dasitzt und weinst, weil alles wieder von vorne anfängt. Du bist schon so weit gekommen. Vergiss das nicht.

Gehe ins Internet, aktiviere eine Partnerbörse und halte nach anderen Männern Ausschau und sofort steigt dein Stimmungsbarometer wieder und du kannst jetzt klarer denken. Wahrscheinlich hat der Trelo nur mal angefangen zu rechnen.

Neues Leben finanzieren,

+ Unterhalt für die Ehefrau

Zusammen mehr, als er verdient!!!!

Also will er zurückkommen und beim nächsten Mal verdeckt agieren. Sei vorsichtig. Glaube nicht alles.

Und vergiss nicht deine neue Bekanntschaft vom Internet wieder verschwinden zu lassen. Dort wirst du sicherlich kaum jemanden finden, der zu dir passt.

Großkampftage

Die beiden Anwälte werden sich beharken, was das Zeug hält.

Die Schriftsätze werden immer länger und auch heftiger.

Wahrscheinlich wirst du bei jeder Kopie, die du von deinem Anwalt bekommst, innerlich in die Knie gehen. Das ist normal, weil Anwalt und Gericht für dich vermutlich nicht gerade vertrautes Terrain sind. Jedes Mal, wenn du einen Brief bekommst, wirst du deine ganze Kraft brauchen, ihn zu öffnen. Dann wirst du dich ärgern, dich ungerecht behandelt fühlen. Behalte die Ruhe, dein Anwalt weiß, was er tut. Unterschätze den gegnerischen Anwalt nicht.

Ein bisschen Weinen hilft. Aber wirklich nur ein bisschen, sonst plumpst Du wieder zurück in

das Loch, aus dem Du so mühsam herausge-
krabbelt bist.

Ein Stück Schokolade ist erlaubt.

Paare

Irgendwann wirst du feststellen, dass man sich nicht ewig verkriechen kann. Deine Ohren glühen vom vielen Telefonieren, alles Unkraut ist gezupft, die Blumen sind umgetopft, die Bücher sortiert und du warst beim Friseur.

Also ist es an der Zeit raus an die frische Luft zu gehen, damit du wenigstens von außen frisch und rosig aussiehst, wenn inwendig schon alles grau in grau ist.

Jetzt wirst du etwas Merkwürdiges erleben. Plötzlich sind nur Paare unterwegs. Wohin du auch gehst, du siehst nur Paare – meinst du. Dein Empfinden ist offensichtlich etwas aus dem Takt geraten und du übersiehst die anderen Leute.

Das wird wirklich noch eine Weile anhalten, und immer mal wieder auftauchen. Bei Festen und Veranstaltungen, etc..

Jetzt musst du dich entscheiden, willst du immer zu Hause sitzen bleiben, damit du die Paare nicht siehst, oder nimmst du jetzt deinen Kopf hoch, noch höher als sonst schon und stellst dich der Situation.

Du hast im Moment keinen Mann, aber du bist alleine auch jemand, vergiss das nicht.

Und du weißt ja nicht, ob du nicht irgendwann wieder als Paar auftrittst. Es liegt an dir.

Merkwürdigkeiten

So langsam normalisiert sich dein Leben und du wirst von Zeit zu Zeit eingeladen. Jetzt geschieht etwas sehr Merkwürdiges. Frauen, mit denen du normalerweise völlig locker umgehst, werden sich verändern. Mal mehr, mal weniger. Manche arbeiten verdeckt, manche ganz zielsicher. Gegen Letztere solltest du dich wappnen.

Fakt ist ja nun, dass du wieder auf "freier Wildbahn" unterwegs bist. Und die Frauen haben einfach Angst, dass du auf die Idee kommst, ihnen den Mann abspenstig zu machen. Auch wenn du so etwas keinesfalls, nicht mal gedanklich, vorhast, wird es dich treffen, dass andere Frauen plötzlich dich und natürlich ihre Männer, sehr argwöhnisch beäugen, frei nach dem Motto, "Such dir einen anderen, meinen kriegst du nicht!"

Das wird dich sehr verletzen, aber ehrlich auf solche Freunde kannst du wirklich verzichten. Geh ihnen besser aus dem Weg. Verhalte dich völlig neutral, auch du wirst eines Tages wieder in Begleitung auftauchen, vielleicht mit einem Jüngeren, dann wird aus der Eifersucht Neid werden, glaube es mir.

Das Alter

Du bist zwar noch mittendrin im Kampfgetümmel, aber schauen ist absolut legitim. Denk dran, dein Ehemann hat mit den Fingern geschaut, wenn du verstehst, was ich meine.

Beim Einkaufen, beim Spaziergang mit dem Hund, solltest du einen haben, kann man ruhig mal schauen.

Wahrscheinlich wirst du jetzt entsetzt aufschreien, niemals kommt mir wieder ein Mann ins Haus. Okay, für den Moment ist das in Ordnung.

Wenn du aber denkst, jetzt ist es Zeit, dann solltest du nicht nur nach Männern in deinem Alter schauen, gönn dir etwas Jüngeres. Dein Nochimmer-Ehemann hat das wahrscheinlich auch getan. Vielleicht schmückt er sich jetzt mit einer Frau, die gut und gerne seine Tochter sein könnte.

Soweit musst du ja nicht gehen, weil du natürlich weißt, dass das absolut lächerlich ist, wenn ein Mann sich plötzlich einen Jungbrunnen auf zwei Beinen sucht. Er will nur seinem wahren Alter nicht ins Gesicht schauen. Dass er sich mit so einem jungen Ding an der Seite nur älter macht, weiß er offensichtlich nicht, die anderen schon.

Also nicht so einen Jüngling, mit dem kannst du eh nichts anfangen, aber mache eine neue Partnerschaft nicht am Alter fest, ein paar Jährchen hin oder her sind nicht so schlimm.

Es geht voran

So langsam wird die Sache sich zuspitzen.

Der Herr Gemahl wird ungeduldig und es ist an der Zeit, die Recherchen ans Tageslicht zu befördern. Ich bin sicher das eine oder andere wird sich gefunden haben.

Also pack' die Waffen aus, lade sie und ziele. Was übersetzt heißt, rufe ihn an. Er wird obercool tun. Bevor das überhandnimmt, nenne den Betrag, den du dir vorstellst. Stelle ihm eine baldige und reibungslose Scheidung in Aussicht, er wird trotzdem in Ohnmacht fallen. Jetzt braucht er erst einmal Zeit deinen Vorschlag zu verdauen. Es setzt die sogenannte Verdauungsdepression ein. Weil er endlich merkt, so einfach ist es nicht. Außerdem wird er feststellen, dass er dich total unterschätzt hat. Das ist auch gut so, weil du ja nun genug gearbeitet hast und einen Moment Pause brauchst.

Rechtliche Grundlagen

Das Nächste, was passieren wird ist, dass ein Brief von seinem Anwalt kommt, der Vorschlag wäre inakzeptabel und würde jeder rechtlichen Grundlage entbehren.

Bewahre die Ruhe, hab keine Angst, bald hast du ihn da, wo du ihn haben willst. Gleichzeitig wird ein Betrag genannt werden, der dich das erste Mal seit Monaten zum Lachen bringt. Genieße es.

Dein Anwalt wird dir vorrechnen, dass es vielleicht besser ist, zu akzeptieren. Letztendlich musst du das entscheiden. Aber bedenke, alles, was du akzeptierst, ist endgültig.

Überspitze es nicht, aber ein bisschen Mut ist schon vonnöten.

Heimlichkeiten

Es ist an der Zeit die Finanzen zu regeln, weil der Stichtag näher rückt.

So ihr eine Zugewinngemeinschaft habt, wird alles, was ihr auf den Konten habt, zusammengezählt und geteilt.

Also, ist es wichtig, dass auf deinem Konto nur ein kleines Guthaben, besser noch ein dickes Minus steht, auch wenn dir das völlig widerstrebt. Du kannst absolut sicher sein, dass auf jedem seiner Konten ein noch dickeres Minus stehen wird, um seine Armut zu demonstrieren und um den zu teilenden Betrag niedrig zu halten. Glaube es mir, genauso wird es sein.

Dein Anwalt wird dir gesagt haben, wann der Stichtag ist. An diesem Tag wird abgerechnet, finanziell meine ich, die sonstige Abrechnung hast du ja bereits fest im Griff.

Also warte auf keinen Fall bis zum Stichtag, sondern räume frühzeitig dein Konto leer, nicht alles auf einmal, das fällt auf, immer mal einen größeren Betrag und behalte das für dich. Die Zinsen für das dicke Minus kannst du locker verschmerzen. Du weißt ja, abgerechnet wird zum Schluss.

Ein ganz schwarzer Tag

Und dann steht plötzlich, ganz unverhofft ein Gerichtsdiener vor der Tür und überreicht dir den Scheidungsantrag. Achte darauf, dass das richtige Datum draufsteht. Auch das Gericht kann sich irren. Quittiere den Empfang und ziehe dich auf deinen Lieblingsplatz zurück und heule, was das Zeug hält. Jetzt darfst du, weil das ein ganz schlimmer Termin ist. Vielleicht brauchst du ein paar Tage, bis du dein inneres Gleichgewicht wieder gefunden hast. Aber ich garantiere dir, dass der Tag der Scheidung weniger schlimm sein wird. Versprochen!

Vielleicht solltest du für alle Fälle wieder die Schokolade griffbereit haben.

Zurück auf Gefechtsstation und auf zur Attacke

Der Leidergottesimmernoch-Ehemann wird sich bereits in dem neuen Glück sonnen, dem er ja nun schon so nahe ist. Solltest du ihn sehen, wird dir sein Dauergrinsen gewaltig auf die Nerven gehen. Er weiß ja nicht, dass dein Anwalt, nach Absprache mit dir selbstverständlich, schon einen Brief losgeschickt hat, mit welchem du die Scheidung ablehnst. In seinem Scheidungsantrag steht sehr wahrscheinlich, dass ihr euch beide einig seid, dass geschieden werden muss. Seinen Seitensprung lässt er natürlich elegant unter den Tisch fallen.

Das kann doch wirklich nicht wahr sein, also wirst du den Antrag ablehnen und erklären, dass du mitnichten mit der Scheidung einverstanden bist und an eine Aufrechterhaltung der Ehe glaubst. Man könne es doch noch einmal miteinander versuchen. Auch wenn du es niemals versuchen willst.

Eines willst du auf keinen Fall, dass er so ungeschoren aus der Sache rauskommt und sich mit deinem Geld ein schönes Leben macht. Niemals!

Auf geht es

Die Antwort von seinem Anwalt wird weinerlich bis streng sein, die neue Beziehung kommt nun zur Sprache.

Letztendlich hat man(n) kapiert, dass es so einfach nicht werden wird.

Der Trelo wird deinen Vorschlag wieder hervorkramen, sich erneut beraten, mit wem, muss ich ja nicht erwähnen, das tut dir zu weh, und dann zum Gegenangriff übergehen.

Jetzt ist der Zeitpunkt, wo du eventuelle Erkenntnisse ins Spiel bringst, die du aus den Recherchen gewonnen hast. Und vielleicht gibt es die eine oder andere Leiche im Keller, die man mal einfließen lassen könnte, sollte er dir drohen, dass man das alles vor Gericht ausfechten wird. Davon musst du dich überhaupt nicht fürchten, so du etwas gefunden hast.

Sein guter Ruf wird ihm wichtig sein und vor allen Dingen darf die Madame ja nichts davon erfahren. Also wird er jetzt friedfertiger sein.

Sollte absolut nichts zu finden gewesen sein, was eher unwahrscheinlich ist, dann musst du wirklich anfangen zu überlegen, ob du einen niedrigen Betrag akzeptieren kannst.

Die einzige Waffe, die du in dem Fall noch hast, ist die Trulla, die ja dein untreues Herzilein auf jeden Fall haben will und das wird ihm schon einiges wert sein. Du könntest ihm zuckersüß vorschlagen, ob du vielleicht die Madame mal anrufen sollst, um ihr dieses und jenes zu erzählen.

Sei versichert sein Geschrei wird den Trompeten von Jericho ähneln. Besser du sagst ihm das am Telefon. Da kannst du den Hörer ein bisschen weghalten.

Nicht vergessen!

Natürlich musst du dir auch völlig klar darüber sein, dass auch er versuchen wird, dir an den Karren zu fahren, sprich das eine oder andere Geheimnis aus der Versenkung holen wird. Durchforste dein Gehirn.

Sollte da etwas sein, musst du dich nun wohl einigen.

Butter bei die Fische

Jetzt ist es Zeit für Verhandlungen. Du hast in deinem Vorschlag selbstverständlich einen Betrag angesetzt, der wesentlich höher ist, als der, den du dir vorstellst. Ein bisschen muss er das Gefühl haben, dass er gewinnt, sonst klappt das nicht.

Die Schriftsätze werden dir nur so um die Ohren fliegen, aber du hast dich daran gewöhnt, und erschrickst nicht mehr, wenn Post vom Anwalt kommt.

Verhandeln musst du letztendlich selber, aber nicht ohne den Anwalt zu kontaktieren. Der muss es ja formulieren, und zwar hieb- und stichfest.

Unterhaltsvereinbarungen

Dein Anwalt wird dir gesagt haben, dass der Bundesgerichtshof eine Entscheidung bezüglich des Unterhaltsrechts getroffen hat. Danach steht dir nur kurzzeitig Unterhalt zu. Das könnte dein Anwalt ausheben, indem du auf einen Teil des Unterhaltes verzichtest, den dafür aber länger bekommst. Das rechnet sich. Sprich mit deinem Anwalt darüber, ob er diese Möglichkeit sieht.

Letztes Aufbäumen.

Ein Scheidungstermin ist angesetzt, du fühlst dich nicht so gut. Die Verhandlungen sind ins Stocken geraten und du siehst alle Felle davonschwimmen.

Vielleicht wird er dir sagen, dass jetzt erst einmal geschieden wird. Und dann "einigen wir uns schon." NEIN!!!! Niemals, auf keinen Fall, dann bekommst du gar nichts. Das ist ein ganz übler Trick. Darauf solltest du dich nicht einlassen, auch wenn der Scheidungstermin schon unmittelbar bevorsteht. Lass dich nicht unter Zeitdruck setzen.

Dein Anwalt wird eine Eingabe bei Gericht machen und die Scheidung verhindern, notfalls einen Tag vorher.

Dann hast du wieder etwas Luft und er weiß, dass du es ernst meinst. Allerdings wird der Trelo etwas "missgelaunt" sein.

Denke dran, dass er auch noch Druck von seiner neuen Liebe hat. Du hast nur den Druck, den du dir selber machst. Und das kannst du steuern, dein Anwalt wird dir die Angst nehmen, er kennt ja die juristischen Fakten.

Der nächste Termin

Du hast die Scheidung verhindert, nun wird es eine Weile dauern, bis der nächste Termin anberaumt wird. Auf jeden Fall einige Wochen. Alle Welt lässt sich scheiden und ihr kommt erst nach einer Weile wieder an die Reihe. Aber der Termin kommt, du musst dich also wappnen.

Möglicherweise wird er es noch einmal versuchen, dich auszutricksen, aber so ganz wohl wird ihm nicht sein.

Erkläre ihm klipp und klar, dass er sich besser mit dir einigt.

Er wird denken, alle Eingaben sind gemacht, jetzt wird geschieden. Aber so schnell schießen die Preußen nicht. Sage ihm, entweder Einigung oder es wird nicht geschieden.

Er wird nach Luft schnappen wie ein Karpfen auf dem Trockenen und sich sehr sicher fühlen. Denn natürlich hat ihm sein Anwalt alle rechtlichen Möglichkeiten aufgezeigt und ihm gesagt, dass auch gegen deinen Willen geschieden werden kann. Sage ihm, bei Nichteinigung kann er gerne zu dem Termin kommen, du wirst aber nicht erscheinen.

Er wird brüllen, dass dann eben in deiner Abwesenheit geschieden wird.

NEIN, nicht beim ersten Termin.

Somit hast du wieder Zeit gewonnen, jetzt solltest du aber so langsam zu Potte kommen, damit dir nicht die Zeit davon läuft.

Besprich dich mit deinem Anwalt, er wird dir sagen, in welcher Höhe "Strafgeld" für Nichterscheinen verhängt wird. Jetzt so auf der Zielgeraden wirst du öfter mit dem Anwalt telefonieren, als mit dem Gatten in den letzten zehn Jahren deines Ehelebens, das ist aber völlig normal.

Verlasse dich auf deinen Anwalt, der weiß, was er tut und ist immer für dich da.

Wichtig ist, dass du ruhig bleibst. Er, also der Trelo, wird Gift und Galle spucken. Frage ihn mal wieder ganz freundlich und nett, ob du vielleicht doch mit seiner neuen Liebe telefonieren sollst, die Nummer hast du ja.

Jetzt genieße den Augenblick, weil er nun in die Knie gehen wird.

Einige dich mit ihm auf einen Betrag, den du für akzeptabel hältst.

Den Rest macht dein Anwalt. Wenn er wirklich gut ist, wird er alle Eventualitäten in einem Einigungsvertrag aufnehmen, der dich total absichert. Natürlich wirst du auch ein paar Federn lassen müssen, das ist normal. Aber letztendlich wirst du gut weiterleben können. Lasse den Vorschlag von einer Person deines Vertrauens gegenlesen, das kann nicht schaden. Man wird ja bei den ganzen Schriftsätzen langsam betriebsblind.

Zum Ersten, zum Zweiten und zum Dritten

Dein Anwalt wird dafür sorgen, dass dieser Einigungsvertrag entweder **vor** der Scheidung bei einem Notar unterschrieben wird, oder dass er **vor** der Scheidung vom Richter protokolliert wird. **Vor** der eigentlichen Scheidung, aber darauf besteht dein Anwalt.

Jetzt ist es soweit

Nun ist es nur noch ein Tag bis zur Scheidung. Halte dir den auf jeden Fall frei, denn jetzt kommt die Abschiedsvorstellung.

Gehe zum Friseur, lass dich stylen. Eventuell kennst du deine Friseurin gut und sie weiß, dass nun der große Tag da ist. Und sie wird dir vielleicht anbieten, dich kurz vorher noch einmal zu verschönern. Wie auch immer.

Sie wird viel Zeit aufwenden, damit du super aussiehst. Er soll ruhig sehen, welch tolle Frau er da so schändlich im Stich gelassen hat.

Kaufe dir eventuell einen neuen Blazer in einer tollen Farbe, eine schwarze Hose und ein schwarzes T-Shirt hast du bestimmt. Diese Kombination wird ihm den Atem nehmen. Zu eurer Hochzeit hast du garantiert einen Riesenaufwand betrieben, wieso solltest du das nicht zur Scheidung auch tun, und wenn es nur für dich persönlich ist. Außerdem weißt du ja nicht, ob die Madame vor dem Gericht mit den Ringen klappert. Du wirst ihr doch wohl nicht den Anblick einer heulenden verhärmten Frau bieten wollen. Niemals!

Maniküre deine Fingernägel. Roter Lack wäre super. Und ein großes Make-up nicht vergessen, selbst wenn du dich normalerweise nicht schminkst. Wenn du ungeübt im Schminken bist, lass dir von deiner Freundin helfen. Richtig toll sollst du aussehen, und wenn du dich anschaust, wirst du ganz automatisch sehr aufrecht vor dem Spiegel stehen, weil du dir selber gefällst.

Mit dieser Haltung und Einstellung gehst du zur Scheidung. So und nicht anders. Auf jeden Fall zeige, dass du mitnichten auf so einen Fremdgänger angewiesen bist.

Der Trelo wird zweimal hinschauen, weil seine neue Liebe vielleicht doch schon einige Sorgenfalten bekommen hat, ob der Warterei.

Genieße unauffällig seine Gesichtsentgleisung und wundere dich nebenbei, dass er nach dem Stress gar nicht wie ein verwegener Liebhaber aussieht.

Der Tag der Tage

Vor dem Termin werdet ihr noch ein bisschen warten müssen. Jeder in einer anderen Ecke mit seinem Anwalt. Die Anwälte werden vielleicht noch das eine oder andere besprechen. Bleib ruhig.

Mit deinem Auftritt wirst du ihn etwas aus der Fassung gebracht haben, weil er ein heulendes graues Mäuschen erwartet hat, und was sieht er?

Jawohl, eine gestylte Frau, die auf ihn pfeift.

Eine Frau, die jetzt in Freiheit leben kann und nicht schon wieder angekettet ist in Verpflichtungen.

Täterätä

Der Tag ist also da, du siehst es jetzt schon ziemlich locker.

Nach dem, was du alles an Hinterhältigkeiten und Lügen aufgetischt bekommen hast, wirst du froh sein, dass nun der Tag gekommen ist.

Wenn alles vorbei ist, du zur Scheidung **JA** gesagt hast, kannst du gehen und dein neues Leben genießen.

Er ist endlich frei, wird vielleicht sofort wieder zum Standesamt rennen. Lass ihn, das ist nicht mehr deine Sache.

Vermutlich werden bei dir noch ein paar Tränen fließen, wenn du zu Hause bist, schließlich habt ihr euch ja einmal geliebt. Vielleicht schafft ihr es ja auch in Freundschaft auseinanderzugehen.

Wenn nicht, verschwende keinen weiteren Gedanken an ihn und schau nach vorne.

Lebe du dein Leben, und zwar so, wie du es willst.

Nach der Scheidung

Dein Anwalt wird dir gesagt haben, dass du nun für dich eine Haftpflichtversicherung abschließen musst. Mach das sofort, du kannst das online erledigen. Das ist sehr wichtig. Melde das Auto um. Dein Anwalt hat dir gesagt, was alle zu tun ist, schreibe es dir besser auf, weil deine Nerven innerlich doch etwas flattern werden.

Setze dich baldmöglichst in einer ruhigen Minute hin und schreibe ein neues Testament, so ihr zusammen eines gemacht hattet. Es ist besser du hebelst das jetzt aus. Nun kannst zu testamentarisch bedenken wen du willst, es ist dein Leben und dein Vermögen.

Alleinsein

Vielleicht hängst du jetzt völlig durch, weil du weißt, es ist endgültig und dass es kein Zurück gibt. Du bist nun allein. Du musst es nicht bleiben. Es ist deine Entscheidung.

Wichtig ist es, du akzeptierst, dass jetzt ein neuer Lebensabschnitt beginnt, und dir niemand mehr reinreden kann. Es wird sich vieles ändern. Vielleicht wirst du an den Wochenenden traurig und einsam sein, rufe jemanden an.

Das Telefon wird nun dein bester Freund. Sprich ein paar Worte mit Freunden und die Einsamkeit ist sofort weg. Du bist zwar allein, aber du bist nicht vergessen.

Du bist nicht die Übriggebliebene, die Verlassene, du bist eine Frau (vielleicht auch ein Mann), aber du bist jemand. Und niemand kann dir deine Freiheit mehr nehmen.

Kinder

Über ein Thema möchte ich noch sprechen. Die Kinder. Egal wie groß oder klein die Kinder sind, sie lieben beide Elternteile. Erwarte also nicht, dass sie sich auf deine Seite schlagen. Ich weiß, das tust du am Anfang, weil du alles so ungerecht findest und Beistand möchtest. Den können dir deine Kinder nicht geben. Sie sind sowieso schon völlig hin- und hergerissen. Sei nicht allzu traurig, wenn du den Eindruck hast, dass sie sich eher deinem Expartner zuwenden. Das ist völlig normal. Schließlich hast du ihnen lange ein tränenreiches Antlitz geboten, während der Frischverliebte natürlich ein glückliches und rosiges Gesicht zur Schau stellen wird. Also vor der Scheidung, hinterher wird er eher sorgenvoll schauen.

Aber die Kinder wissen, dass sie zwei Elternteile haben. Halte also eine zeitweilige Funk-
stille aus. Ich weiß, wie schwer das ist. Vielleicht solltest du dann doch noch einmal zur
Schokolade greifen.

Hochzeiten

Irgendwann wird die "neue Liebe" vielleicht energisch mit den Ringen klappern, sie will also geheiratet werden. Wappne dich, das wird dir unheimlich wehtun, weil deine Kinder bei dieser Hochzeit natürlich dabei sein werden. Aber vergiss nicht, du bist geschieden, die Kinder nicht.

Und natürlich wird es auch Zusammentreffen geben, wenn die gemeinsamen Kinder heiraten. Geh auf keinen Fall alleine hin!!!!! Tu dir das nicht an. Gib eine Anzeige in der örtlichen Zeitung auf: "Suche einen ansehnlichen, tanzfreudigen Herrn, der mich auf eine Hochzeit begleitet". Vielleicht tut sich da ja etwas. Du wirst mittlerweile auch im Internet firm sein, da kannst du auch suchen. Gut sollte er schon aussehen, damit dein Verflossener sieht, dass andere Mütter auch schöne Söhne haben. Für die ganz Mutigen: Man kann sich für einen solchen Anlass auch jemanden "mieten".

Vielleicht hilft auch jemand aus dem Bekanntenkreis aus. Also verdirb deinen Kindern nicht durch Missmut diesen Tag.

Trage zu diesem Anlass den Kopf hoch, innerlich darfst du traurig sein, wenn du "ihn" mit der "Neuen" siehst.

Bedenke bei der Begegnung, dass er vermutlich große Angst hat, du könntest dir die „Neue" zur Brust nehmen. Glaube mir, das hast du nicht nötig. Begegne ihr souverän mit zurückhaltender Freundlichkeit und grinse bitte nur innerlich über seinen ängstlichen Gesichtsausdruck.

Keine Rede

Bis hierher habe ich nur für Frauen geschrieben, die sich öffnen können und mit Freunden sprechen.

Wirklich schlimm dran sind Menschen, die einfach nicht über ihre Probleme sprechen können oder wollen.

Dieses Kapitel möchte ich euch widmen.

Eine gute Möglichkeit das Schweigen zu durchbrechen ist euren Kummer aufzuschreiben.

Man muss nicht stilsicher schreiben können, das ist überhaupt nicht wichtig. Aber wirklich wichtig ist, dass ihr euren Kummer rauslasst.

Am Anfang werdet ihr vor dem Papier oder dem Computer sitzen und nicht wissen, wie ihr anfangen sollt.

Denkt an die vergangene Zeit zurück. Welcher Satz von eurem Exmann hat euch besonders getroffen. Und schon habt ihr den Titel eurer Niederschrift.

Unter Garantie werdet ihr glauben, da kommt höchstens eine halbe Seite heraus. Vielleicht werden es nur zwei Seiten aber eventuell auch hundert. Wichtig ist, es niederzuschreiben und dadurch loszulassen.

Glaubt mir einfach, euer Kummer wird besser werden, wenn ihr es niederschreibt. Es ist wie eine innere Reinigung. Jeder, der das ausprobiert hat, wird es bestätigen.

Nur Mut, scheut euch nicht. Schreibt es für euch selber, oder macht ein ganzes Buch daraus. Es gibt so viele Möglichkeiten. Und noch etwas erreicht ihr. Endlich habt ihr ein Ziel vor Augen, nämlich das, was ihr angefangen habt auch zu beenden. Und wenn das letzte Wort geschrieben ist, könnt ihr einen Schlusspunkt setzen und euer neues Leben beginnen.

Zum guten Schluss

Das muss leider auch sein.

Meine Ratschläge können nur Möglichkeiten sein. Eine Gewährleistung für das Gelingen kann ich leider nicht übernehmen. Und natürlich können meine Ratschläge nicht rechtsverbindlich sein.

Das eine oder andere wird für euch nicht infrage kommen. Dafür werdet ihr eventuell andere Möglichkeiten sehen. Lasst eurer Fantasie freien Lauf. Vielleicht wollt ihr doch lieber den Laptop in die Badewanne schmeißen oder entscheidet euch für die schmutzige Wäsche vor der Tür der anderen.

Ihr werdet ganz sicher euren eigenen Weg finden.

Dieses Buch soll ein Ratgeber sein, dass es immer einen Weg gibt, auch wenn alles erst einmal rabenschwarz aussieht.

Kopf hoch, es dröselt sich alles auf.

Und nun endgültig Finger weg von der Schokolade ☺!

Ich umarme Euch, eure Vale!

1	2	3	4	5
Datum	Titel	Wäh-rung	Ein-gang	Gehalt

6	7	8	9	10
Gehalt	Sonst.	Ausga-ben	GA	Name

Erklärung zu der Tabelle

1) Datum der Geldbewegungen

2) Woher kommt das Geld oder wohin geht es.

3) In welcher Währung,

4) Geldeingang.

5) Gehalt. Hier trägst du jeweils ein Gehalt ein.

6) Hier trägst du das andere Gehalt ein.

7) Hier werden sonstige Eingänge erfasst.

8) Hier werden **alle** Ausgaben eingetragen.

9) GA steht für Geldautomat.

10) Hier trägst Du ein, wer das Geld geholt hat.

Inhaltsverzeichnis

Hier ist Platz für persönliche Notizen.